DU
COMMERCE DES ARABES

DANS

LE NORD DE L'EUROPE

AVANT LES CROISADES

PAR

ERNEST BABELON

PARIS

92, RUE DU CHERCHE-MIDI, 92

1882

DU

COMMERCE DES ARABES

DANS

LE NORD DE L'EUROPE

AVANT LES CROISADES

PAR

ERNEST BABELON

PARIS

92, RUE DU CHERCHE-MIDI, 92

1882

TIRAGE A PART DE L'ATHÉNÉE ORIENTAL, ANNÉE 1882, N° 1er

VIENNE. — TYP. ADOLPHE HOLZHAUSEN,
IMPRIMEUR DE LA COUR I. & R. ET DE L'UNIVERSITÉ.

DU COMMERCE DES ARABES

DANS LE NORD DE L'EUROPE, AVANT LES CROISADES

I

Dès l'antiquité la plus reculée, les contrées du nord de l'Europe et particulièrement celles des bords de la mer Baltique ont entretenu avec l'Orient les relations commerciales les plus actives. Ce fait est attesté, à défaut des textes écrits, par les richesses asiatiques sans nombre que recèle le sol des pays du nord et que les fouilles archéologiques découvrent tous les jours. Les savants scandinaves, frappés des résultats véritablement surprenants de ces trouvailles, ont depuis longtemps signalé ce commerce dont Rasmussen, dès 1823, esquissait l'histoire (1); ils avaient même

(1) Rasmussen, *De Arabum Persarumque commercio cum Russia et Scandinavia medio aevo, proludendo* scripsit D. Janus Lassen Rasmussen, dans le recueil intitulé : *Anniversaria in memoriam Reipublicae sacrae et litterariae cum universae, tum Danicae nostrae restauratae celebranda indicit regiae Universitatis Hauniensis rector cum senatu academico.* Copenhague 1825. V. aussi la traduction d'une dissertation de Rasmussen, dans le *Journal asiatique* de 1824 et de 1825.

1*

constitué, vers 1840, une société asiatique dont le programme exclusif était de rechercher et d'éclaircir les rapports que, jusqu'au moyen âge, le nord de l'Europe avait entretenus avec l'Asie. Cette société dont l'un des membres les plus illustres fut Westergaard, a dirigé ses travaux surtout du côté de la linguistique et de la mythologie. On a voulu principalement essayer, grâce à l'impulsion donnée par Westergaard, de rechercher l'origine et les migrations des premiers Scandinaves et de reconstituer «l'ancienne langue du Nord» et la religion révélée par les antiques chants de l'Edda. Les découvertes archéologiques, si l'on en excepte quelques notes de Lindberg, ont été peu observées et l'on a été loin d'en tirer tout le parti qu'elles comportent (1).

Pourtant, à l'époque même où les populations scandinaves étaient encore dans l'âge de la pierre et du bronze (2) on voit leur pays exploité par les marchands qui allaient chercher sur les bords de la mer Baltique des pelleteries, l'étain et particulièrement l'ambre jaune, cette parure si recherchée des femmes de l'Orient. Dans un savant

(1) V. *Mémoires de la Société des Antiquaires du Nord*, 1840, p. 32—34, et p. 165—166. V. aussi : *Geschichte des Levantehandels im Mittelalter*, von Dr. W. Heyd (Stuttgard, 1879, 2 vol. in-8°). L'auteur, qui s'attache surtout à faire l'histoire du commerce des Vénitiens et des Génois, a consacré quelques pages au commerce des Arabes avec la Russie et les pays scandinaves, t. Ier, p. 66 et suiv.

(2) V. Aspelin, *Antiquités du Nord Finno-Ougrien*, Helsingfors 1877, p. 8 et p. 124, et Alex. Bertrand, *Archéologie celtique et gauloise*, p. 40.

mémoire sur *L'Ambre jaune chez les Assyriens* (1), M. Oppert a démontré que les Assyriens, déjà au dixième siècle avant l'ère chrétienne avaient des communications indirectes, par des caravanes intermédiaires, avec les contrées occidentales où se recueillait le succin. Les Phéniciens aussi connaissaient cette matière qu'ils transportaient en Asie. Or, l'ambre jaune ne se recueille en Europe que sur les bords de la mer Baltique, et c'était le seul endroit dans le monde connu des anciens où ils pussent se le procurer.

Dans les textes classiques, la plus ancienne mention de l'ambre se trouve dans l'Odyssée, dans la partie de ce poëme appelée Télémachie qu'on croit avoir été écrite dans le VIIIe siècle avant notre ère (2). Il est question de marchands phéniciens qui, en abordant à Syra, vont offrir à la femme du roi un collier d'or et de perles d'ambre. Hérodote rapporte que l'ambre (succin ou électre, ἠλέκτωρ) se recueillait sur les bords de l'Eridan, fleuve qui se jetait dans l'Océan boréal, et qu'il

(1) *Recueil de travaux relatifs à la philologie et à l'archéologie égyptiennes et assyriennes*, t. II, p. 33, Vieweg 1880.

(2) Chant XV, vers 459. Cf. D'Arbois de Jubainville, *Les premiers habitants de l'Europe*, p. 213. Je dois mentionner ici l'opinion de M. Rossignol qui déclare qu'Homère et Hésiode n'ont pas connu l'ambre, substance dont les Grecs attribuaient la découverte à Thalès de Milet (639 av. J.-C.), et qu'Hérodote aurait, le premier, mentionnée. V. Rossignol, *Les métaux dans l'antiquité*, p. 334—347. M. Ch. de Linas a récemment combattu l'opinion de M. Rossignol, dans son ouvrage sur *Les origines de l'orfévrerie cloisonnée*, t. Ier, appendice, p. 368. V. aussi P. Giguet, *Sur l'electrum d'Homère*, Revue archéol., 1858, t. XVI, p. 235.

place vaguement à l'extrémité de l'Europe (1).
L'imagination poétique des Grecs s'empara faci-
lement de cette origine mystérieuse de l'ambre;
un mythe se forma et l'on crut que les perles
d'ambre étaient les larmes pétrifiées des sœurs de
Phaéton, qui, réunies, tous les soirs sur les rives
de l'Eridan, pleuraient la mort de leur frère tombé
du char du soleil dans les ondes du fleuve.

Mais si les Grecs ignoraient la route par laquelle leur arrivait cette précieuse matière, nous
sommes aujourd'hui mieux informés. Les nombreuses monnaies grecques trouvées vers l'embouchure de la Vistule, à Bromberg notamment,
ont permis de constater qu'il existait dès la plus
haute antiquité des routes commerciales qui partant de la mer Noire remontaient le Dniéper, le
Bug et le Dniester pour gagner le bassin du
Niémen et de la Vistule et se répandre dans la
mer Baltique. Un savant Suédois, le Dr Wiberg,
de Gefle, a, pour ainsi dire, établi les étapes de
la route de l'ambre dans l'antiquité, en dressant
le tableau des localités où l'on a découvert cette
substance incorruptible dans la terre : «A partir
de la Vistule, l'ambre jaune travaillé se retrouve
comme d'étapes en étapes, associé à des monnaies

(1) III, 115. V. sur ce sujet Redslob, *Die phönizischen Han-
delswege nach dem Norden, insbesondere nach dem Bernsteinlande,
sowie die Reise des Pytheas von Massalien*, in-8°, Leipzig 1855.
Les Phéniciens faisaient, il est bien certain, le commerce de
l'ambre jaune, mais il n'est nullement prouvé qu'ils aient pé-
nétré jusque dans la mer Baltique pour aller le recueillir. Cf.
Ch. Lohmeyer, *Ist Preussen das Bernsteinland der Alten gewesen?*
Königsberg 1872.

grecques, le long d'une grande voie qui, suivant la vallée du Dniéper, conduit par Kiew à la ville d'Olbia et aux côtes de Crimée, d'où, par la mer Noire, les trafiquants communiquaient à la fois avec les îles de la Grèce et la vallée du Danube. Quelques-unes de ces monnaies datent du VIe ou du VIIe siècle avant notre ère; les dernières sont de l'époque romaine. Le commerce de l'ambre a donc été persistant dans cette direction pendant plus de six siècles, sans que nous puissions affirmer d'ailleurs que cette voie de communication n'était pas suivie déjà auparavant (1).» M. le docteur Wiberg a même dressé une carte de cette route commerciale qui partait de la presqu'île de Sameland, et qu'exploitèrent les Milésiens. On sait, en effet, que Milet, déjà importante dès le VIIe siècle avant notre ère, devint, sans contredit, la première puissance commerciale du monde ancien après Tyr et Carthage, et parmi les colonies qu'elle fonda, se trouve Olbia, à l'embouchure du Borysthène, la tête de ligne de la route de l'ambre (2).

Une autre voie était encore suivie par les Grecs vers le IVe siècle de notre ère : elle partait des bords de la mer Baltique et traversait la Germanie, pour aboutir à la mer Adriatique, non loin de l'embouchure du Pô. C'est sur les rives de ce fleuve que les marchands grecs allaient acheter l'ambre, et de là vint que, dans la légende mytho-

____

(1) Rapport fait au Congrès de Stockholm. V. A. Bertrand, *Archéologie celtique et gauloise*, p. 42.

(2) V. A. Ouvaroff, *Recherches sur les antiquités de la Russie méridionale*, 1855, p. 9, 32 et 66.

logique, le Po se confondit avec l'Eridan chez un grand nombre d'auteurs (1).

Les Romains qui héritèrent des Grecs dans leur goût des parures faites avec l'ambre, reçurent cette matière par le même chemin, et la route qui aboutissait à l'Adriatique fut suivie, comme le constatent les trouvailles de monnaies romaines jusqu'à la chute de l'Empire (2). Je ne rappellerai point ici le tableau que fait Pline de la passion des femmes romaines pour l'ambre (3), mais on me permettra de citer en entier un passage de Tacite qui montre que les Romains, mieux que les Grecs, connaissaient la nature et l'origine de l'ambre. En parlant des *Æstui* qui habitent sur le littoral de l'océan Suévique, près de l'embouchure de la Vistule, il dit : «Les barbares fouillent la mer, et seuls d'entre tous, ils recueillent dans les bas-fonds et jusque sur le rivage, le succin appelé par eux *gles* (4) ... Ils n'en font aucun usage; ils le recueillent brut, l'apportent en bloc et en reçoivent le prix avec étonnement. On pourrait croire

(1) V. D'Arbois de Jubainville, *Les premiers habitants de l'Europe*, p. 218.

(2) La carte de Peutinger ne s'étend malheureusement, au nord, que jusqu'aux bords du Weser et un peu au nord du cours du Danube; elle ne donne pas, par conséquent, les routes qui devaient aboutir à la mer Baltique. V. Desjardins, *La table de Peutinger*, p. II.

(3) *Hist. nat.*, XXXVII, 2, 11.

(4) *Succinum quod ipsi glesum vocant.* Ce mot *glesum* se rattache évidemment au mot *Glas*, verre, cristal; la racine *Glanz*, brillant, rappelle l'idée exprimée par le nom que les Grecs donnaient à l'ambre, ἠλέκτωρ, qui signifie aussi *brillant*, et par dérivation, le soleil.

que c'est un suc des arbres, car on y distingue au travers quelques insectes rampants ou ailés qui sont restés emprisonnés dans cette matière quand elle s'est durcie. Mais je pense, quant à moi, que, comme certaines régions de l'Orient qui distillent l'encens et le baume, ces îles et ces terres de l'Occident sont couvertes de forêts exubérantes, dont les sucs extraits par l'ardeur du soleil, s'écoulent dans la mer voisine et sont envoyés par la tempête sur les rivages opposés (1). »

Les découvertes de monnaies romaines sur les bords de la mer Baltique confirmeraient au besoin le récit de l'historien romain. On trouve ces monnaies en très grande abondance plus particulièrement dans les îles d'Oland et de Gotland, et ce sont ces îles, sans doute, que Tacite a en vue dans son récit (2).

Je ne m'arrêterai pas plus longtemps sur ce commerce de l'ambre dans l'antiquité, qui jusqu'à présent n'a été que fort imparfaitement mis en lumière par les historiens. J'ai dû en dessiner à grands traits les lignes principales pour montrer que les Arabes, au moyen âge, n'ont point été les

(1) *Germania*, XLV.

(2) Sur les trouvailles de monnaies romaines sur les bords de la mer Baltique, on peut consulter principalement : Bayer, *De numis Romanis in agro Prussico repertis*, in-4°, 1722 ; Minutoli, *Die Ausgrab. griechischer, römischer und anderer Münzen und Kunstgegenstände in Küstenländern des baltischen Meeres*, Berlin 1843 ; Hildebrand, *Anglo-Sachsiska Mynt i svenska köngl. myntkabinettet funna i sveriges jord*, p. CVI et suiv. ; *Mémoires de la Société des Antiquaires du Nord*, 1845—1849, p. 31, et *Revue de la Numismatique belge*, 1871, p. 101.

créateurs du commerce de l'Orient avec le nord
de l'Europe, et qu'ils n'ont fait que continuer des
relations mercantiles qui existaient dès la plus
haute antiquité.

II

Où trouver des traces de ce commerce des
Arabes, dont nous allons pourtant essayer de préciser l'importance et le développement? Ce n'est
pas, à coup sûr, dans les chroniqueurs occidentaux qui paraissent tous l'avoir ignoré et dont les
connaissances géographiques, quant au nord de
l'Europe, étaient d'ailleurs fort bornées. Presque
tous les *Itinéraires* du moyen âge se dirigent du
côté de Jérusalem, et il suffit de jeter un coup
d'œil sur les cartes géographiques antérieures aux
croisades pour se convaincre que les relations
commerciales des pays du Nord avec l'Asie n'a-
vaient pas de retentissement dans le reste de l'Europe. La carte du monde que le moine Beatus
dressa au VIIIᵉ siècle pour l'intelligence de son
Commentaire de l'Apocalypse et dont plusieurs
copies des Xᵉ et XIᵉ siècles nous ont été conservées,
ne mentionne dans le nord, à côté de la *Britannia*
et de la *Scotia*, que des régions vagues, sous le
nom de Dacie, Sarmatie et Alanie, avec ces men-
tions : *Hic caput Europae; Hic fines Asiae.* Pourtant, aux extrémités orientales du monde, nous
trouvons les *Kyrribe Indi*, les *Cirrabae* de la carte
de Peutinger, et quarante-cinq autres nations dont
on vante tout particulièrement le commerce, les

richesses en tout genre, ainsi que les merveilleuses productions de leur beau pays (1). On peut croire qu'il y a là, peut-être, un écho affaibli du commerce dont ces pays étaient l'objet à cette époque. Une autre mappe-monde du Xe siècle, exécutée en Angleterre, paraît aussi, par sa disposition et par ses légendes, y faire une lointaine allusion. Elle accompagne un manuscrit de Priscien le Grammairien, et si l'on voit flotter au hasard, dans une vaste mer la Dardanie, l'Istrie, la Dalmatie, la Hongrie, Constantinople, nous trouvons soigneusement indiqués dans le Nord le pays de Neronorroen, sans doute la Norvège; un pays de Slespie (le Sleswig), le Danemark, la Bulgarie, la Scythie, le Naperfida (Dniéper), l'Hypanis (Boug), le Tanae (Don), fleuves qui se jettent dans une mer pleine d'archipels où il est difficile de reconnaître si le géographe a voulu indiquer la mer Noire ou la mer Caspienne (2). Ces pays du nord-est, mieux traités que le reste de l'Europe, sont précisément ceux qui étaient le théâtre de notre commerce, et les fleuves indiqués dans la carte sont ceux que remontaient les marchands.

Je dois encore mentionner deux textes de pre-

---

(1) Les principales copies de cette carte de Beatus, moine de Valcovado, diocèse de Léon (Espagne), sont celle de la Bibliothèque de Turin, qui remonte au Xe siècle, et celle que fit exécuter, au XIe siècle, Grégoire de Montaner, abbé du monastère de Saint-Sever en Gascogne. Un exemplaire de cette dernière est à la Bibliothèque Nationale. V. Cortambert, dans le *Bulletin de la Société de Géographie*, t. II, 1877, p. 337 et suiv.

(2) Cette carte est au British Museum. Cf. Cortambert, *op. cit.*

mière importance pour la géographie du nord de l'Europe au moyen âge. C'est d'abord celui que nous laissa Alfred le Grand (871—900). Dans sa traduction de l'*Histoire universelle* d'Orose, ce roi inséra le récit des voyages de Wulfstan et Other qui étendirent leurs péréginations jusqu'à la vallée du Dniéper et dont les voyages peuvent se rattacher à notre commerce. Nous avons, en second lieu, la *Descriptio insularum Aquilonis* qu'écrivit Adam de Brême dans la seconde moitié du XIe siècle. Nous y constaterons, plus loin, quelques allusions aux rapports commerciaux des pays scandinaves avec l'Orient; nous relèverons aussi quelques souvenirs dans les *Sagas* scandinaves recueillies dans la *Heimskringla;* elles relatent à titre de traditions nationales et de souvenirs du pays quelques faits dont nous aurons à tirer bon parti. Les inscriptions runiques contemporaines, ne nous apprennent rien sur ce qui fait l'objet de cette étude; et si Perinskjöld prétendait, à la fin du dernier siècle, trouver dans ces inscriptions la mention d'antiques relations commerciales de son pays avec l'Orient et particulièrement avec Tyr, la critique moderne, ayant pour principaux interprètes Olof Celsius, Liljegren, Wimmer et G. Stephens, a surabondamment démontré l'inanité de pareilles interprétations (1).

(1) M. le comte Riant signale cependant deux ou trois inscriptions runiques d'une époque postérieure à celle dont nous nous occupons, et qui mentionnent des voyages à Constantinople et à Jérusalem: Riant, *Expéditions et pèlerinages des Scandinaves en Terre-Sainte au temps des Croisades,* p. 11 et p. 100.

Il ne nous reste plus qu'à consulter les chroniques orientales, les traditions des Arabes euxmêmes; mais comme le récit des géographes arabes est sans critique, rempli de légendes sans fondement, il importe de les contrôler par des informations puisées à une source plus certaine, irréfragable, et de ne les employer que comme complément et accessoire. C'est donc surtout, comme pour l'antiquité, le relevé des fouilles archéologiques et l'examen des monnaies découvertes qui pourra servir à dresser l'itinéraire du commerce de l'Orient avec le nord de l'Europe, et nous en donner les limites de temps et de lieu.

On sait avec quelle rapidité les Arabes firent la conquête de l'Asie occidentale, et je n'ai pas à retracer ici l'histoire de l'islamisme dans ces contrées. Je dois seulement rappeler que dès le règne d'Omar (634—644) la plupart des provinces occidentales de l'empire des Sassanides, celles d'Aderbaïdjan, de Rej, de Gorgan, de Thabarestan, de Khorassan étaient tombées au pouvoir des Musulmans, et après la bataille de Nehavend (644), qui mit fin à la dynastie de Sassan, tout le littoral de la mer Caspienne devint leur proie. Dès le règne du premier des Abbassides ils possédaient la Géorgie, la Circassie, l'Arménie, la Perse, le Khorassan, le Zablestan, et tout le pays compris entre le Djihoum et le Sihoun, l'Oxus et l'Iaxartes des Anciens. Avant la fin du premier siècle de l'Hégire, à la suite des dissensions qui éclatèrent au sein de cet immense empire, il se forma des royaumes indépendants, parmi lesquels un des plus importants fut celui de Samani qui, de conducteur de chameaux et de chef de brigands, fonda en 819 la dynastie des Samanides qui régna sur la Perse jusqu'en l'an 1004 de notre ère, et domina sur tout le littoral de la mer Caspienne (1). Ce fut cette dynastie qui paraît avoir entretenu avec le nord de l'Europe les relations commerciales les plus actives; elle ne fit d'ailleurs que développer un commerce qui existait déjà cinquante ans, et avait commencé à peine après la mort de Mahomet.

Les Arabes, en effet, organisèrent leurs relations commerciales avec autant de rapidité que leurs victoires. Ils étaient, par leurs habitudes et leurs mœurs, merveilleusement aptes à transporter par des caravanes, à dos de chameaux, d'ânes et de mulets, toutes les richesses de l'Orient dans les pays étrangers : ce fut presque leur seule manière de trafiquer, et ils n'eurent jamais une bien grande aptitude pour le commerce maritime. Leurs caravanes qui partaient, à jour fixe, d'un point central déterminé, d'un de leurs marchés principaux, s'étaient, en quelque sorte, partagé le commerce de l'Asie occidentale avec le reste du monde, et elles suivaient quatre routes principales. L'une de ces grandes routes partait de l'Égypte, et s'enfonçait, vers le sud de l'Afrique, à travers le Sahara pour atteindre la Nigritie d'où l'on ramenait l'or, l'i-

____

(1) V. Mirkhond, *Histoire des Samanides*, édit. Defrémery. V. aussi le récit des expéditions des Arabes dans le Caucase et sur le littoral de la mer Caspienne dans Tarikhi. *Derbend-Nâmeh, or the history of Derbend*, by Mirza A. Kazem Beg, p. 39—42, 63, 106, etc.

voire et des troupeaux d'esclaves; une autre voie, passant par la Perse et le Cachemir, aboutissait à l'Inde, tandis que la troisième traversait les steppes immenses de la Tartarie, se dirigeait vers le lac de Lop, et entrait en Chine par la province du Chensi (1); enfin, la quatrième grande artère commerciale des Arabes, la seule qui doive nous occuper ici, était celle d'Europe. C'était de toutes les provinces qui environnent la mer Caspienne et particulièrement de l'Arménie au sud, de la Boukharie et du Khorassan à l'est, des grands centres commerciaux, des foires de Samarcand, de Téhéran, de Bagdad, de Damas, de Tiflis, que partaient les marchands pour se diriger sur la mer Caspienne et faire une halte à Derbend avant de remonter le Volga.

Les nombreuses inscriptions arabes trouvées à Derbend et publiées par Frœhn (2) sont toutes du VIIIe au Xe siècle de notre ère, et elles attestent la richesse et la puissance, à cette époque, de cette ville que Jacut qualifie de «ville étonnante, sur le bord de la mer de Khazar» (3). Kazwini nous donne ces détails : «C'est là qu'est le port des Khazars et de quelques autres nations, quand leurs marchands abordent avec leurs marchandises. Ce port est enfermé d'une extrémité jusqu'à l'autre

(1) Reinaud, *Des voyages faits par les Arabes et les Persans dans l'Inde et à la Chine*, Introd. p. CLVII à CLXVII, et Defrémery, *Mémoires d'histoire orientale*, 2e partie, p. 285 et suiv.

(2) Frœhn, *Die Inschriften von Derbend*. V. aussi Bérézine, *Inscriptions de Derbend*, dans les *Mém. de la Soc. archéol. de Saint-Pétersbourg*, 1851, p. 67.

(3) V. *Notices et extraits de mss.*, t. II, p. 507.

par une chaîne, au moyen de laquelle ils peuvent, quand il leur plaît, en interdire l'entrée et la sortie» (1). Derbend fut le point de départ et l'un des grands entrepôts du commerce de l'Europe avec l'Orient; nous allons montrer que de ce point les marchands remontaient le Volga.

L'itinéraire de ce commerce se dressera de lui-même si nous groupons, dans l'ordre géographique, les nombreuses trouvailles de monnaies arabes et d'autres objets orientaux, faites depuis un siècle environ, sur le sol de l'empire russe. Nous allons donc passer en revue les principales découvertes : je signalerai d'une manière générale la date inscrite sur les monnaies, ainsi que la dynastie à laquelle appartient le prince qui les aura fait frapper. Ces détails ont, comme nous le verrons, une importance de premier ordre. En revanche, le nom de la localité où la découverte aura été faite, important fort peu, j'ai seulement indiqué le nom du district ou gouvernement : on trouvera toujours le nom du lieu en recourant aux sources que j'indique en notes.

Dans les provinces très rapprochées de l'embouchure du Volga, telles que les gouvernements d'Astrakan, de Saratow, de Samara, on n'a pas signalé de trouvailles de monnaies arabes : ce qui ne surprendra pas, si l'on réfléchit que les marchands passaient généralement sans s'arrêter dans

____

(1) Cf. le mém. de Rasmussen dans le *Journal asiatique*, t. V, 1824, p. 219. V. aussi la description de Derbend dans Maçoudi, *Les prairies d'or*, édit. Barbier de Meynard et Pavet de Courteille, t. II, p. 7 et suiv.

ces contrées et ne trafiquaient pas encore. C'est
à partir du gouvernement de Kasan, c'est-à-dire
de l'ancien pays des Bulgares, qu'on trouve en
quantité prodigieuse les richesses arabes enfouies
sous le sol (1).

1° KASAN. En 1840, on a découvert, dans le gouvernement de Kasan, 365 monnaies coufiques d'argent; la très grande majorité de ces pièces ont été
frappées par des princes Samanides; quelques-
unes pourtant sont des Abbassides et des Soffarides. La plus ancienne porte comme date l'an 190
de l'Hégire; la plus récente l'an 301 (806 à 913
de J.-C.) (2).

2° WJÄTKA. En 1867, trouvaille de 1,500 monnaies d'argent avec un énorme lingot de même
métal. Ces pièces se répartissaient entre les Ommiades, les Tahirides et surtout les Samanides.
La plus ancienne porte l'an 80 de l'Hégire, la
plus moderne l'an 228 (699 à 842 de J.-C.) (3).

(1) Frœhn avait entrepris de décrire les trouvailles de monnaies arabes faites en Russie; mais cinq ans après sa publica-
tion, en 1847, Savélieff pouvait déjà dire que le nombre en
était presque doublé. V. *Bulletin historico-philologique de l'Académie de Saint-Pétersbourg*, t. IV, p. 105. Aujourd'hui, le nombre
de ces trouvailles est encore bien plus considérable. V.W. Tiesenhausen, *Monnaies des khalifes orientaux*, Saint-Pétersbourg,
1873, p. XXXII et suiv. (en russe).

(2) Frœhn, *Ueber einen im Gouvernement Kasan gemachten ku-
fischen Münzfund*, dans le *Bulletin scientifique*, publié par l'Acad.
des sciences de Saint-Pétersbourg, t. IX, 1842, p. 295.

(3) Tiesenhausen, *Ueber zwei in Russland gemachte kufische Münzfunde*, dans la *Numismatische Zeitschrift* de Vienne, 1871, p. 166.

3° Perm. En 1847, trouvaille de onze monnaies persanes de la dynastie des Sassanides, au nom de Jezdegerd II, Kobad et Chosroès II, et frappées de l'an 441 à 459 de J.-C. (1). Les vases, bijoux et ustensiles persans et arabes découverts dans ce gouvernement sont très nombreux et il en est qui sont fort remarquables par le style et par les scènes figurées (2).

4° Räsan. Découverte, en 1839, de 57 monnaies coufiques en argent, parmi lesquelles 24 étaient fragmentées en deux ou quatre morceaux. Quelques-unes étaient des princes Bulgares, le gouvernement de Räsan étant leur ancien pays ; la plupart étaient Samanides ou Abbassides, de l'an 286 à 366 de l'Hégire (899 à 976 de J.-C.) (3).

5° Tula. En 1821, trouvaille de 200 monnaies coufiques ; en 1823, autre découverte de 62 dirhems. Toutes ces pièces appartiennent, soit aux dynasties musulmanes de l'Asie occidentale, soit aux dynasties arabes d'Afrique, et elles se répartissent entre les années 91 et 201 de l'Hégire (710 à 816 de J.-C.) (4).

---

(1) Dorn en a donné la description dans le *Bulletin de la classe historique et philologique* de l'Acad. de Saint-Pétersbourg, t. IV, p. 163—165.

(2) V. Aspelin, *Antiquités Permiennes,* dans son ouvrage sur les *Antiquités du nord Finno-Ougrien*, p. 141 et suiv.

(3) Grigoriew, *Description des monnaies trouvées dans le gouvernement de Räsan* (en russe).

(4) Frœhn, *Topographische Uebersicht der Ausgrabungen*, etc.,

6° WLADIMIR. On signala, en 1821, une grande trouvaille de monnaies coufiques mêlées à des pièces allemandes contemporaines de l'empereur Otton II. Les dirhems décrits par Frœhn (1) appartiennent aux Ommiades, aux Abbassides, aux Tahirides, aux Bouvéhides, aux Seijarides, et surtout aux Samanides; elles sont comprises entre les années 80 et 368 de l'Hégire (699 à 979 de notre ère). — En 1868, autre découverte de 11,077 dirhems Samanides, Ommiades, Abbassides, Tahirides, Soffarides, Sadjides, Bouvéhides (97 à 328 de l'Hégire, 715 à 739 de J.-C.) (2).

7° JAROSLAW. On a découvert, en 1836, dans ce gouvernement, 108 dirhems presque tous Samanides et ne dépassant pas la fin du Xe siècle de notre ère (3).

8° MOSCOU. Trouvaille de 1835, signalée par Savélieff (4). En 1837, nouvelle découverte de monnaies coufiques d'argent, des Tahirides, des Samanides, et de quelques princes musulmans du

---

dans le *Bulletin scientifique* de l'Acad. des sciences de Saint-Pétersbourg, t. IX, 1842, p. 316. Il décrit également d'autres trouvailles moins importantes et de la même époque, faites dans le gouvernement de Tula.

(1) *Bull. scientifique* de l'Acad. des sc. de Saint-Pétersbourg, t. IX, 1842, p. 587. V. aussi Dorn, *Das asiat. Museum*, p. 40.

(2) Tiesenhausen, *Ueber zwei in Russland gemachte kufische Münzfunde,* dans la *Numismatische Zeitschrift* de Vienne, 1871, p. 176.

(3) Frœhn, *Bulletin scientifique,* etc., p. 318—321.

(4) Dans les *Mémoires de la Soc. d'archéologie* de Saint-Pétersbourg, 1874, p. 194.

2*

Khorassan et de l'Arménie, de l'an 247 à l'an 251
de l'ère musulmane (862 à 866 de J.-C.) (1).

9° SMOLENSK. En 1785, découverte de monnaies
coufiques des Ommiades et des Abbassides, communiquées, à cette époque, par Pallas à l'Académie des sciences de Saint-Pétersbourg. En 1830,
nouvelle découverte de dix pièces Samanides du Xe
siècle de notre ère (2). En 1847, Savélieff mentionne
une autre trouvaille décrite par Grigoriew (3).

10° TWER. En 1805, découverte considérable
de dirhems Abbassides antérieurs à l'an 326 de
l'Hégire (937 de notre ère) (4). En 1844, trouvaille de onze Samanides de 310 à 379 de l'Hégire (922 à 989 de J.-C.) (5). La même année, on
signala seize nouveaux dirhems des Samanides et
des Bulgares du Volga, antérieurs à l'an 976 de
notre ère. (6).

11° NOWOGOROD. En 1833, trouvaille de monnaies des Ommiades, des Abbassides et des Tahirides, des années 235 à 249 (716 à 863 de J.-C.).

(1) Dans les *Mémoires de la Soc. d'archéologie* de Saint-Pétersbourg, 1847, p. 194.
(2) Frœhn, *loc. cit.*, p. 325.
(3) *Bulletin de la classe hist. et phil.*, etc., t. IV, p. 207.
(4) Dorn, *Das Asiat. Museum*, p. 11.
(5) V. la description donnée par Frœhn, dans le *Bulletin de
la classe des sciences historiques, philologiques et politiques* de l'Acad.
des sciences de Saint-Pétersbourg, t. II, 1844, p. 113.
(6) V. la description de Savélieff, dans le *Bulletin de la cl.
des sc. hist., philol. et polit.*, t. Ier, p. 339—340.

En 1829, trouvaille de 200 Samanides; en 1844, douze nouveaux dirhems Samanides (1).

12° SAINT-PÉTERSBOURG. En 1799, grande trouvaille de monnaies Abbassides et Samanides, signalée dans une lettre de Asch à Tyschen, de Rostock. En 1809, sur les bords du lac de Ladoga, nouvelle trouvaillé importante (2). En 1846, on a découvert un bracelet en argent, avec 250 dirhems Samanides, Abbassides, Bouvéhides, Mervanides, et autant, environ, de monnaies d'argent des princes anglo-saxons du Xe siècle (3). Dans les huit dernières années, on a fouillé environ trois mille sépultures aux environs de Gatschina; elles ont presque toutes donné des monnaies des IXe et Xe siècles (4).

13° PSZKOW. En 1802, découverte de monnaies d'argent (sept livres) Ommiades, Abbassides, Bouvéhides, Seijarides et d'autres princes de l'Asie; là plus récente est de l'an 977 de notre ère (5). En 1836, nouvelle découverte de 73 dirhems Samanides, Ommiades, Abbassides, Bouvéhides et Bulgares; la plupart étaient fragmentées en deux

---

(1) V. Frœhn, *loc. cit.*, p. 321. Savélieff, *Bull. de la cl. des sc. hist.*, etc., t. IV, p. 106.

(2) Frœhn n'a connu ces trouvailles que par des renseignements de seconde main; il n'a pas vu ces monnaies, ne les décrit pas et n'en fixe pas la date. *Loc. cit.*, p. 330.

(3) Savélieff, *loc. cit.*, p. 105.

(4) V. Aspelin, *Antiquités du Nord Finno-Ougrien*, p. 224.

(5) Savélieff, *Mémoires de la Société archéologique de Saint-Pétersbourg*, 1847, p. 193.

ou quatre morceaux; elles se répartissent entre les années 258 et 347 de l'Hégire (872 à 958 de J.-C.). En 1837 et en 1844, autre trouvaille de monnaies coufiques, auxquelles se trouve mêlé un denier anglo-saxon d'Édouard le Confesseur (1).

14° WITEVSK. En 1821, trouvaille d'une quantité énorme de monnaies coufiques (plus de cent livres) antérieures à l'an 832 de notre ère (2). En 1822 et en 1839, deux nouvelles trouvailles de monnaies des Ommiades, Abbassides, Tahirides, Bouvéhides et Samanides, antérieures à l'an 1000 (3).

15° LIVLAND. De 1794 à 1846, on a signalé dans ce gouvernement sept grandes trouvailles de monnaies arabes qu'ont décrites Frœhn et Savélieff. Aucune de ces monnaies ne dépasse les premières années du onzième siècle de notre ère; elles sont des princes Samanides, Merwanides, Abbassides, Ommiades, Tahirides, Hamanides, Okaïlides, Bouvéhides. On a trouvé, notamment en 1821 et en 1839, un grand nombre de deniers anglo-saxons mêlés à ces monnaies coufiques; beaucoup de pièces étaient fragmentées en deux ou quatre parties (4).

16° ESTHLAND. En 1685, on signala dans cette province une grande trouvaille de monnaies cou-

(1) Savélieff, *Bullet. de la cl. des sc. hist.*, etc., t. Ier, p. 339. Frœhn, *loc. cit.*, p. 322.
(2) Savélieff, *Bullet. de la cl. des sc. hist.*, etc., t. Ier, p. 340.
(3) Savélieff, *id.*, t. IV, p. 207. Frœhn, *loc. cit.*, p. 326.
(4) V. Frœhn et Savélieff, *loc. cit.*

fiques, accompagnées de monnaies anglo-saxonnes des rois Ethelred, Knut le Grand, Harold Ier, Hardknut, Édouard le Confesseur et Harold II, ainsi que d'un certain nombre de princes et d'évêques allemands (1). Depuis lors, on a fait de nombreuses découvertes de monnaies arabes analogues à celles que nous avons signalées (2). La plus récente, celle de 1863, contenant 200 monnaies allemandes, suédoises et anglo-saxonnes, avec deux Samanides (3).

17° KURLAND. De 1796 à 1844, on a fait trois principales découvertes de monnaies arabes qui ont donné les mêmes résultats que toutes les précédentes (4).

18° FINNLAND. A l'extrémité sud de cette province on a fait aussi de nombreuses trouvailles de monnaies coufiques, parmi lesquelles la plus récente porte l'année 386 de l'Hégire (1008 de J.-C.). Ces dirhems trouvés avec des lingots, des colliers et des bracelets d'argent étaient souvent aussi accompagnés de monnaies anglo-saxonnes(5).

(1) V. Brenner, *Thesaurus numor. Sueco-Gothicorum*, p. 266.
(2) V. Frœhn et Savélieff, *loc. cit.*
(3) V. *Berliner Blätter für Münz-, Siegel- und Wappenkunde*, t. VI, p. 271, et Dannenberg, *Die deutschen Münzen*, p. 57.
(4) V. Frœhn et Savélieff, *op. cit.*
(5) Frœhn, *loc. cit.*, p. 331. Sur les fouilles faites en Russie et ayant amené la découverte d'objets orientaux, on peut aussi consulter les *Comptes-rendus de la Commission impériale archéologique russe*, passim. M. Ch. de Linas, dans son livre sur *Les origines de l'orfévrerie cloisonnée*, t. II, p. 17 et suiv., en a aussi signalé un

Je n'ai pas la prétention d'avoir été complet dans ce relevé; mais je pense que les fouilles que j'ai signalées sont assez nombreuses pour permettre de suivre pas à pas la route commerciale que révèlent ces trouvailles. Pour les découvertes faites dans les provinces du nord de la Russie, elles ont été particulièrement étudiées par Frœhn et Savélieff, et les travaux de ces savants russes constatent qu'elles ont été aussi fécondes et ont donné les mêmes résultats que les fouilles exécutées sur le Volga. Si l'on ouvre une carte géographique de l'empire russe, on pourra constater que les trouvailles de monnaies musulmanes sont confinées exclusivement dans les contrées arrosées par le Volga, en faisant, dans son cours supérieur, quelques excursions le long de ses principaux affluents, comme la Kama et l'Oka. Nous n'avons

certain nombre. On a découvert des monnaies arabes sur d'autres points de la Russie que ceux que nous avons signalés dans notre itinéraire, mais ces trouvailles ont fourni presque toujours, en même temps que des monnaies des premiers siècles de l'Hégire, des pièces de la Horde d'or et des XIIIe et XIVe siècle, ce qui indique des relations bien postérieures de l'époque dont nous nous occupons. Je citerai, par exemple, les découvertes faites sur le cours du Dniéper : en 1845, à Kiew, on a trouvé plus de 200 monnaies arabes de cuivre, frappées au VIIIe siècle de notre ère, mais mêlées à des monnaies du temps de Tamerlan et des princes qui régnèrent à Bokhara et dans le Turkestan du VIIIe au XIIIe siècle (Savélieff, *Mém. de la Soc. archéol. de Saint-Pétersb.*, 1851, p. 71). La trouvaille d'Ekatherinoslaw en 1855 se composait de 14,500 monnaies dont la plupart était du XIIIe siècle (*Berliner Blätter für Münz-, Siegel- und Wappenkunde*, t. Ier, p. 213). Cette route du Dniéper fut, comme nous le verrons, une de celles que suivirent les Croisés scandinaves pour aller en Terre-Sainte.

quitté le bassin du Volga, aux lacs du plateau de Valdaï, dans le gouvernement de Twer, que pour descendre dans le bassin de la mer Baltique et aborder au golfe de Finlande. De sorte que nous pouvons conclure que la grande voie commerciale suivie par les Arabes pour aller dans le nord de l'Europe, chez les Slaves et chez les Scandinaves, était le cours du Volga. Ce fleuve d'ailleurs, étant sur la plus grande partie de son parcours très large et très profond, et ses eaux ne s'acheminant que fort lentement vers la mer, est merveilleusement propre à la navigation. Le commerce de l'Orient l'a suivi, et les marchands qui n'ont point consigné dans des annales le récit de leurs longues pérégrinations ont pourtant laissé, enfouie sous le sol, comme une traînée de monuments qui trahissent leur marche et permettent de les suivre, pour ainsi dire, à la piste.

En partant du golfe de Finlande, ces marchands ont exploré tout le littoral de la mer Baltique, aussi bien les côtes de la Suède que celles de la Lithuanie et de l'Allemagne. En Suède, le point le plus septentrional, où l'on ait constaté des découvertes de monnaies coufiques, est situé sur les bords du fleuve Angerman qui se jette dans le golfe de Botnie (1). A partir de cette limite extrême, les trouvailles ont été signalées tout le long de la côte de Suède aussi nombreuses qu'en Russie. Les fouilles antérieures à 1840 ont été relevées

(1) V. Götlin, *Dissert. de Numis Cuficis regiae Acad. Upsalis*, p. 9; Hildebrand, *Anglo-Sachsiska Mynt i sveriges jord*, p. VIII et p. CVII à CX.

principalement par Liljegren (1) et Ledebur (2), mais ces savants n'ont pas décrit les monnaies qu'ils ont signalées, de sorte que leurs travaux ne nous renseignent, ni sur l'âge des monnaies, ni sur la composition des trésors découverts. On peut toutefois, en présence des faits que nous avons signalés plus haut, être assuré que ces monnaies étaient de la même époque, et que les trouvailles étaient composées de la même manière que celles de Russie. Nous pouvons invoquer d'ailleurs le témoignage du conservateur du Cabinet royal des Médailles de Stockholm qui, dès l'année 1795, écrivait à Tychsen, de Rostock : «Le musée royal compte 500 monnaies coufiques de différents types et 300 autres qui font double emploi : cette collection a été entièrement choisie parmi les monnaies trouvées sur le sol de la Suède (3).» Ledebur dit que les trouvailles faites sur les côtes de la Suède se comptent au nombre de 705, et depuis le moment où écrivait cet auteur, ce chiffre a peut-être été doublé. Il m'est donc impossible de passer en revue ces découvertes, comme je l'ai

(1) *Ströda anteckningar om Fynd : Svensk Jord, med en dertill hörande Förteckning in den köngl. Witterhets,* dans les *Historie och Antiquitets Akademiens Handlingar,* t. XIII, p. 153—278. Liljegren qui relève non-seulement les trouvailles d'objets du moyen âge, mais aussi les objets de l'antiquité, comprend les fouilles d'une période qui s'étend de 1547 à 1829.

(2) Leopold von Ledebur, *Ueber die in den Baltischen Ländern in der Erde gefundenen Zeugnisse eines Handelsverkehrs mit dem Orient,* Berlin 1840. V. aussi W. S. W. Vaux, *On the discovery of cufic coins in Schweden,* dans le *Numismatic Chronicle,* 1850, p. 14—23.

(3) V. Ledebur, *op. cit.,* p. 9.

fait pour la Russie; je me bornerai à en indiquer les caractères généraux et à signaler celles qui offrent des particularités utiles pour notre conclusion.

La trouvaille la plus importante faite sur les bords de l'Angerman est celle de 1847, qu'a décrite Tornberg et qui a fourni 1466 monnaies entières et 230 fragments de monnaies; il y avait 14 samanides, 490 anglo-saxonnes, 468 allemandes, le reste étant composé de pièces suédoises, norwégiennes et danoises (1). Non loin d'Upsal, Tornberg signale une découverte de monnaies anglo-saxonnes et arabes, accompagnées de monnaies persanes à légendes pehlvi; près de Stockholm, on a fait, en 1816, une trouvaille qui contenait une monnaie Merwanide frappée l'an 399 de l'Hégire (1008 de notre ère). Les découvertes faites en Gothie ont été plus nombreuses que dans toutes les autres parties de la Suède; Brenner en a signalé une, en 1691, qui a donné une monnaie coufique en or : c'est un dinar Fathimite frappé en Mauritanie l'an 331 de l'Hégire (942)(2). D'autres trouvailles, particulièrement en Scanie, ont fourni avec des monnaies d'argent, des chaînes, des anneaux, des bracelets et des lingots de même métal (3).

En Norwège, sur la côte méridionale de ce pays, on a également, bien qu'en moins grand nombre,

(1) Tornberg, *Numi cufici regii numophylacii Holmiensis*, Upsal. 1848.
(2) Brenner, *Thesaurus num. Sueo-Gothicorum*, préface, §. 10.
(3) Tornberg, *loc. cit.*

fait des découvertes de monnaies arabes mêlées
à des monnaies anglo-saxonnes ou du pays; la
trouvaille d'Egersund a donné 1500 pièces (1).
Holmboe, professeur à l'Université de Christiania,
a décrit les trouvailles faites sur les côtes de Norwège, avant 1837 (2); toutes les monnaies se rap-
portent aux mêmes princes et à la même époque
que celles de la Suède.

Dans les îles de Gotland, d'Oland et de Bornholm, le nombre de monnaies arabes découvertes
est tellement considérable qu'il est probable que
ces îles étaient le centre du commerce que nous
étudions; les marchands y étaient plus en sécurité,
à l'abri de toute surprise, et l'on se rappelle qu'à
l'époque romaine, ces îles étaient déjà signalées
par Tacite comme étant le centre du commerce
de l'ambre. La trouvaille de 1840, dans l'île d'O-
land, a donné des bijoux en argent du poids de
- quatorze livres, accompagnés de 1122 monnaies
complètes et d'un nombre non moins considérable
de fragments de monnaies. Les plus anciennes
étaient des Ommiades, frappées l'an 80 de l'Hégire (699); il y avait même des monnaies à légendes
pehlvi; les plus modernes ne dépassaient pas l'an
900 de notre ère (3). Tornberg n'énumère pas

---

(1) V. *Berliner Blätter für Münz-, Siegel- und Wappenkunde*,
t. III, p. 137. V. aussi Dannenberg, *Die deutschen Münzen*, p. 49.

(2) Holmboe, *De numis MD medii aevi in Norvegia nuper repertis*, Christiania 1837. V. aussi *Mémoires de la Société d'archéologie de Saint-Pétersbourg*, t. IV, p. 362; Leitzmann, *Numismatische
Zeitung*, t. III, p. 69, t. VI, p. 136.

(3) En décrivant celles de ces monnaies qu'il a pu déchiffrer,
Tornberg dit : «Comme ces monnaies ont été frappées en Ar-

moins de 60 trouvailles faites avant l'année 1847, dans l'île de Gotland. La plus considérable, celle de 1843, a fourni 3,404 monnaies entières accompagnées de 150 fragments; celle de 1844 en a donné 1154 avec 8 fragments; enfin celle de 1845 a mis au jour des bracelets et autres bijoux avec 1679 monnaies et un grand nombre de fragments: on a compté 610 anglo-saxonnes, 7 islandaises, 2 suédoises, 92 danoises, 925 allemandes, 2 hongroises, 4 byzantines, et 46 coufiques presque toutes Samanides; il y avait pourtant trois Merwanides dont l'une portait pour date l'an 383 de l'Hégire (993) et trois Oqaïlides datées des années 380 à 390, c'est-à-dire 990 à 1000 de notre ère.

Dans l'île de Bornholm, la découverte la plus importante est celle de 1864 qui a donné des anneaux et des lingots d'argent avec 866 monnaies: il y avait 32 dirhems dont 28 fragmentés en deux ou quatre morceaux (1).

Si maintenant nous suivons tout le littoral de la mer Baltique sur le continent, nous pourrons constater les mêmes découvertes depuis la Lithuanie jusqu'en Danemark. Un des pays les plus fertiles en trouvailles de ce genre est la Pologne.

---

ménie et dans les provinces adjacentes, nul doute qu'elles ne soient arrivées à la mer Noire, pour être de là transportées dans notre pays à travers la Russie. » Le savant Suédois se trompait sur la route suivie par les monnaies arabes : la mer Noire n'ayant jamais été ouverte au commerce musulman avant la conquête du royaume de Trébisonde et de l'empire de Constantinople.

(1) Décrites par M. Thomsen, dans les *Berliner Blätter für Münz-, Siegel- und Wappenkunde*, t. III, 1866, p. 31.

Depuis le gouvernement de Mohilew et les marais
de Pinsk jusqu'au golfe de Dantzig, les découvertes ne se comptent plus, tant elles sont nombreuses (1). Dès l'année 1775, on déterrait à Kaski,
près de Varsovie, des monnaies d'argent que l'é-
vêque Albertrandi reconnut pour avoir été enfouies vers l'an 1040. Dans le gouvernement de
Plock, en 1868, on a trouvé environ 1100 monnaies
anglo-saxonnes et allemandes de la fin du Xe et
du commencement du XIe siècle de notre ère. Il
y avait en outre trois monnaies coufiques et une
monnaie bilingue latino-arabe (2). D'autres monnaies bilingues analogues ont été trouvées dans
le même pays (3).

Sur le golfe de Dantzig ou sur les côtes de la
Poméranie, les trouvailles se multiplient. Dans
les environs de Königsberg, les découvertes les
plus importantes sont celles de 1832 et de 1854 (4).

(1) Pour les trouvailles des gouvernements de Mohilew et
de Minsk, v. Frœhn, *loc. cit.*, p. 323; pour celle de la Pologne
proprement dite, v. Lelewel, *Numismatique du moyen âge*, t. II,
p. 83—109. V. aussi Dannenberg, *Die deutschen Münzen*, p. 48
et suiv.

(2) Karabacek, *Spanisch-arabisch-deutsche Nachprägungen für
Polen*, dans la *Numismatische Zeitschrift*, t. Ier, 1869, p. 139.

(3) Lelewel, *Revue franç. de numismatique*, 1860, p. 333, et
Karabacek, *loc. cit.*, p. 140.

(4) V. Nesselmann, *Die orientalischen Münzen des Akademischen
Münzkabinets in Königsberg,* Vorrede, p. X et suiv. V. aussi la description que le même auteur a donnée de monnaies arabes trouvées dans la Basse-Poméranie, dans la *Zeitschrift der Deutschen
Morgenländischen Gesellschaft*, 1866, p. 609. V. aussi d'autres
trouvailles faites dans le même pays, dans les *Mémoires de la
Soc. d'archéologie de Saint-Pétersbourg*, 1848, p. 96; *Berliner Blätter
für Münz-, Siegel- und Wappenkunde*, t. Ier, p. 13, et Bohlen, dans

Les monnaies arabes, anglo-saxonnes, suédoises et allemandes s'échelonnent le long du cours de l'Oder et nous permettent d'établir que le trafic remontait ce grand fleuve et ne s'arrêtait qu'au lieu où il cesse d'être navigable, en Silésie. C'est en effet en Silésie que se trouve le point le plus méridional où l'on ait constaté la présence de monnaies arabes : en 1869, à Kawalten, on a découvert 340 monnaies arabes ou allemandes (1). A Francfort-sur-l'Oder, en 1769, on a recueilli une livre et demie de monnaies coufiques (2). Près de Custrin et de Stettin, les monnaies se trouvent par milliers (3). Dans l'île Wollin, à l'embouchure de l'Oder, on a constaté de nombreuses trouvailles (4). En 1877, à Lubeck, on a découvert 2800 monnaies dont 1900 anglo-saxonnes, le reste composé de pièces danoises, allemandes et arabes (5). Près de Schwerin, découverte de 1000 monnaies allemandes avec des lingots d'argent et onze pièces arabes (6). A Schwan, dans le Mecklenbourg, on a fait une trouvaille non moins importante, et je ne citerai que pour mémoire les nombreuses découvertes du Holstein, du Schleswig, du Dannemark, qui ont donné avec des monnaies anglo-

les *Vaterländ. Archiv für Wissensch., Kunst, Industrie und Agricultur*, od. *Preuss. Provinzialblätter*, Königsberg 1835, t. XIV.

(1) Dannenberg, *Die deutschen Münzen*, p. 46.

(2) Minutoli, *Beschreibung einer zu Stendal aufgefundenen alten heidnischen Grabstätte*, Berlin, 1827, p. 20.

(3) Ledebur, *op. cit.*, p. 65.

(4) Leitzmann's *Numismatische Zeitung*, 1856, p. 104.

(5) V. *Zeitschrift für Numismatik* de Berlin, 1877, p. 50.

(6) Gröte, *Münzstudien*, VIII.

saxonnes, suédoises et allemandes, des monnaies arabes ne dépassant guère l'an 1000 de notre ère (1). Tous ces faits qu'on pourrait multiplier presque à loisir, suffisent amplement à démontrer qu'il n'existe pas de pays au monde, même l'Orient, où l'on trouve des monnaies arabes en nombre aussi considérable que dans le bassin de la mer Baltique.

Si nous cherchons à fixer les limites extrêmes des pays occidentaux de l'Europe où pénétrait la monnaie arabe, nous devons reconnaître qu'elle ne dépassait pas la presqu'île danoise et le bassin de l'Oder. On ne trouve plus de monnaies arabes le long du cours de l'Elbe ou du Rhin, et si l'on a signalé, à Mayence même, un dirhem Samanide frappé à Samarkand l'an 913, ce fait est une exception insuffisante pour reculer la limite que nous venons d'établir. Frœhn a montré au surplus que cette monnaie avait été apportée par des Arabes d'Espagne (2). On ne peut pas prendre au sérieux, non plus, le passage de Yacout dans lequel ce géographe raconte que dans une ville de *Mafabakha*, qui est peut-être Mayence, circulaient des dirhems frappés à Samarkand par Nasreddin al Azmani (3). Enfin j'aurai terminé cette longue revue des découvertes de monnaies arabes

(1) V. surtout Dannenberg, *Die deutschen Münzen*, p. 44 et suiv.

(2) V. Frœhn, *Notiz eines Arabers über die Stadt Maynz*, dans les *Mém. de l'Acad. de Saint-Pétersbourg*, 6ᵉ série, t. II, p. 88—98.

(3) *Notices et extraits de manuscrits*, t. II, p. 35. L'éditeur M. de Guignes a lu *Mafabakha* pour *Mayence*, et *Aïn* ou *Zin* pour *Rin* (le Rhin). V. Lelewel, *Revue franç. de numismatique*, 1860, p. 333.

en Europe, quand j'aurai mentionné les trouvailles faites en Angleterre, dans le Cumberland et en Islande. Marsden signale un certain nombre de dirhems Samanides trouvés non loin d'York avec des monnaies anglo-saxonnes, leurs contemporaines, c'est-à-dire du Xe siècle de notre ère (1). L'argent musulman a même été transporté jusqu'en Islande, comme le prouvent deux monnaies trouvées dans cette île et qui avaient été frappées par le prince Samanide Hasan Nasr ben Achmed l'an 917 et l'an 926 de notre ère (2).

III

Si l'on résume les conclusions qui résultent de l'examen de ces fouilles archéologiques, il sera facile de constater qu'il a existé entre le nord de l'Europe et l'Orient un commerce extrêmement actif, dans les premiers siècles de l'Hégire. Ce commerce, nous le répétons, partait de Derbend, remontait le Volga depuis Astrakan jusqu'à Bolgar dans le gouvernement de Kasan; arrivés au centre de l'empire des Bulgares, les marchands se dirigeaient du côté du golfe de Finlande, toujours en suivant le cours du Volga, mais en s'écartant aussi à droite et à gauche sur ses affluents pour trafiquer et entrer en relations avec les populations barbares de ces contrées. On pénétrait dans le golfe de Finlande pour explorer de là

----

(1) W. Marsden, *The Oriental coins ancient et modern*, p. 39, p. 77, et p. 80. V. aussi les *Mémoires de la Société des Antiquaires du Nord*, Rapport des séances annuelles de 1838 et 1839, p. 14.
(2) V. *Société des Antiquaires du Nord*, 1840—1844, p. 20.

3

tout le littoral de la mer Baltique, les côtes de la
Russie et de la Suède, comme celles du Danne-
marck, de l'Allemagne, de la Prusse, de la Lithuanie, et même remonter les principaux cours d'eau
de ces pays.

A côté des limites géographiques, si nous es-
sayons d'assigner des bornes chronologiques à
l'existence de ces relations commerciales, nous
trouvons des monnaies arabes de la fin du premier
siècle de l'Hégire, de l'an 80, c'est-à-dire du commencement du VIIIe siècle de notre ère. On peut
donc dire que le monnayage arabe est représenté
dans les fouilles des pays du nord, depuis son
origine, puisque la première monnaie autonome
des Musulmans est de l'an 76 de l'Hégire (1). Nous
avons même mentionné des monnaies antérieures
à la domination arabe en Orient : ce sont quelques
pièces sassanides à légendes pehlvies. La limite
chronologique inférieure ne dépasse pas l'an 1040
de notre ère. Mais ces chiffres ne peuvent donner
que des indications approximatives, car le commerce a pu commencer longtemps après l'année
de la première émission monétaire des Arabes,
et entraîner avec lui des pièces depuis longtemps
en circulation ; la date inférieure est plus précise
et détermine l'époque de la cessation du commerce.
Toutefois, les monnaies dépassant l'an 1000 sont
fort rares, ce qui tendrait à démontrer que les re-

(1) Antérieurement à cette date, les Musulmans frappaient
des contrefaçons de la monnaie byzantine et de la monnaie
sassanide. V. Baron Marchand, *Lettres sur la numismatique*, 1re
lettre annotée par M. de Longpérier.

lations n'ont pas cessé brusquement, mais se sont éteintes lentement et graduellement.

Les plus anciennes monnaies anglo-saxonnes découvertes dans les pays scandinaves et en Russie sont du roi Edgar (959—975); elles sont peu nombreuses et appartiennent sans doute aux dernières années de son règne. Les plus modernes sont celles d'Édouard le Confesseur qui commença de régner en 1041 (1). Il en est de même pour les monnaies allemandes : Dannenberg a établi que dans les trouvailles germano-arabes faites en Allemagne, en Suède, en Prusse, en Pologne, il n'est pas de monnaie allemande dépassant le règne de Conrad II (1039) (2).

Comme nous avons indiqué d'une manière générale, à quelles dynasties musulmanes appartenaient les monnaies découvertes, on a pu remarquer que deux dynasties surtout s'y trouvent représentées, les Samanides et les Abbassides. Ce fait nous permet d'établir de quelles contrées venaient les trafiquants, car les pièces des autres dynasties arabes de l'Asie, de l'Afrique et même de l'Espagne ne sont pas assez nombreuses pour qu'on suppose qu'elles aient été importées directement dans le Nord : elles ont dû passer entre les mains des marchands de Damas et de Samarcand et elles prouvent seulement qu'il existait à cette époque un très grand mouvement commercial entre tous les pays musulmans.

Les monnaies ne nous font pas connaître évi-

(1) V. Hildebrand, *Anglo-Sachsiska Mynt*, etc., p. CXX.
(2) Dannenberg, *Die deutschen Münzen*, p. 40.

3*

demment la nationalité des marchands qui transportaient en Europe l'argent des Samanides et des Abbassides; mais on peut, à l'aide d'autres monuments, établir que si les Arabes et les Persans trafiquaient, ils ne remontaient pas le Volga plus haut que Bolgar ou même que Derbend, car cette ville renfermait, selon le témoignage de Maçoudi, un grand nombre de Khazares venus là pour faire le commerce (1). Ces marchands transmettaient alors leurs marchandises aux Bulgares directement en rapport avec les pirates danois qui sillonnaient en tous sens la mer Baltique, comme toutes les mers du Nord.

Les inscriptions coufiques trouvées dans le gouvernement de Perm prouvent que les Arabes étaient même installés au milieu des Khazares et des Bulgares. A Kasimov, sur l'Oka, un des affluents du Volga, on a trouvé les ruines d'une mosquée, et au milieu de ces décombres, dans un cimetière, on a mis à découvert un mausolée avec une inscription arabe; on a fait des découvertes analogues dans les environs de Simbirsk (2) et les monuments funéraires portent la précision jusqu'à nous apprendre que les personnages enterrés étaient venus des pays situés au sud de la mer Caspienne (3).

Simbirsk est d'ailleurs l'antique Bolgar. Cette ville, bâtie sur le Volga, au-dessous de l'embouchure de la Kama et de la Belaya, était admirable-

---

(1) Maçoudi, *Les prairies d'or*, édit. Barbier de Meynard et Pavet de Courteille, t. II, p. 7.

(2) V. Rasmussen, *Journal asiatique*, t. V, 1824, p. 304.

(3) *id.*, p. 353—355.

ment située pour être l'entrepôt du commerce entre l'Asie et l'Europe. Jacout dit que les marchands remontaient l'Atel ou Volga jusqu'à Waïsou (?) et il parle des marchés du pays des Khazares (1).

Kazwini raconte qu'à Derbend se trouvait un port spécial pour les Khazares et quelques autres nations qui y abordaient avec leurs marchandises. Les Khazares établis au sud des Bulgares, au nord-ouest de la mer Caspienne, dominaient jusque sur le littoral de la mer Noire, et se livraient, d'après les récits des historiens arabes, au commerce le plus actif. « De grands vaisseaux, dit Maçoudi, remontent le fleuve des Khazares, chargés de marchandises et de différentes sortes d'effets, tirés du Khowarezm. D'autres vaisseaux descendent le fleuve, portant des peaux de renards noirs, qui sont les fourrures les plus renommées et les plus chères. Il y en a aussi de rouges, de blanches qui le disputent aux peaux de fouine, et de mouchetées... On en transporte à Derbend, à Berdhaa, et en divers lieux du Khorassan » (2).

Le monnayage des Bulgares et des Khazares prouve aussi que ces peuples étaient en relations commerciales avec les Arabes, car leurs monnaies sont des imitations de la monnaie arabe. Dans le nord de la Russie, où commençait le trafic, il se faisait particulièrement avec les Rous, peuplades

(1) V. *Notices et extraits de mss.*, t. II, p. 532. V. aussi *Les prairies d'or* de Maçoudi, édit. Barbier de Meynard et Pavet de Courteille, t. I, p. 273; t. II, p. 7 et suiv.

(2) V. Sylvestre de Sacy, *Chrestomathie arabe*, t. II, p. 17. V. sur les Khazares, Maçoudi, *éd. cit.*, t. II, p. 14.

presque sauvages sur lesquelles Ibn Foszlan nous donne les détails suivants : « Les Rous, les plus sales des hommes que Dieu ait créés, quittent leur pays, lancent leurs canots sur l'Atel qui est un grand fleuve, et se construisent sur ses rives de grandes huttes de bois... Nos marchands qui arrivent pour trafiquer pénètrent dans ces huttes pour y acheter des jeunes filles qu'ils trouvent souvent en libertinage avec leur maître... Pour que son commerce soit lucratif, le Rous se rend dans un lieu où se trouve une grande poutre en bois de forme humaine, environnée de petites statuettes placées sur deux gradins. Il se prosterne devant la grande figure et fait cette prière : «O mon maître, j'arrive d'un pays lointain; fais que je vende beaucoup de jeunes filles, de zibelines et de peaux d'animaux»; et quand il a ainsi énuméré toutes les matières qui font l'objet de son commerce, il ajoute en déposant une offrande aux pieds de la statue : «Je t'ai apporté ce présent; trouve-moi donc un marchand qui aie beaucoup de pièces d'or et d'argent, qui m'achète toutes mes marchandises, et ne me contrarie point pour le paiement». Après avoir ainsi parlé, il se retire. Si son commerce ne réussit pas, et si son séjour se prolonge trop longtemps, il retourne vers l'idole, une seconde et même une troisième fois avec de nouveaux présents. Et si ses vœux ne sont pas encore exaucés, il s'adresse alors aux petites statuettes et leur fait des offrandes en invoquant leur intercession... Quand son commerce a été lucratif et qu'il a vendu toutes ses marchandises, il revient vers la grande statue en disant : «Mon maître a exaucé ma prière, je dois maintenant le remercier». Il immole alors un certain nombre de bœufs et de moutons, donne une partie de la viande aux pauvres, et porte le reste devant la statue et les petites divinités qui l'entourent. Il suspend la tête des bœufs et des moutons au cou de la grande poutre. Pendant la nuit, viennent les chiens qui dévorent tout; alors, le lendemain, le marchand revient et dit : «Mon seigneur est content de moi, il a agréé mon offrande» (1).

Les marchands qui commerçaient avec les Rous, les Bulgares et les Khazares, étaient, nous l'avons vu, particulièrement des Arabes et des Persans qui, d'après le récit de Maçoudi, pénétraient même jusque chez les Slaves. «Les Slaves, dit-il, touchent à l'Orient et s'étendent bien loin dans la direction du couchant. Le premier d'entre les rois des Slaves est celui des Dir qui compte dans ses états de vastes cités et beaucoup de terres en culture. Les négociants musulmans se rendent dans sa capitale avec toute espèce de marchandises» (2). Il y avait pourtant aussi, avec les Arabes, des représentants de ces races qui semblent nées pour le commerce, les Juifs et les Arméniens. Ibn Haukal et Maçoudi qui vivaient comme Ibn Foszlan au commencement du Xe siècle, affirment même que, chez les Khazares, le roi et ses principaux officiers étaient

_____

(1) *Ibn Foszlans und anderer Araber Berichte über die Russen älterer Zeit; Text und Uebersetzung*, p. 7—9.

(2) Maçoudi, *Les prairies d'or,* éd. Barbier de Meynard et Pavet de Courteille, t. III, p. 64.

Juifs. Ce roi avait neuf cadis et douze cents soldats, et dans sa capitale, au dire des historiens arabes, les partisans de diverses croyances, jouissaient de l'égalité la plus absolue. «Le roi, dit Maçoudi, sa cour et tous ceux qui sont de race khazare pratiquent le judaïsme qui est devenu la religion dominante dans cet état, depuis le khalifat d'Haroun-al-Raschid : beaucoup de Juifs sont venus s'établir chez les Khazares, de toutes les cités musulmanes et du pays des Romains» (1).

Il est donc permis d'affirmer que les Juifs étaient les principaux intermédiaires entre les Bulgares et les navigateurs danois. On peut même croire que l'établissement des Juifs en Russie et en Pologne a commencé avec ce commerce. L'historien Karamsin et les chroniqueurs russes s'accordent à dire que les Juifs se fixèrent en Russie vers le Xe siècle; il faut penser de même pour les Juifs polonais qui furent si nombreux et exercèrent une si grande influence au moyen âge. Malheureusement les textes si rares de cette époque ne nous permettent pas d'être trop affirmatifs sur cet intéressant problème (2).

(1) Maçoudi, *éd. cit.*, t. II, p. 8.
(2) Cette question de l'établissement des Juifs en Pologne où ils devinrent si puissants au moyen âge, est malheureusement encore fort obscure aujourd'hui. Naruszewicz dit simplement que l'établissement des Juifs en Pologne a précédé de beaucoup les chroniques les plus anciennes de ce pays. Carmoly croit également que l'existence des Israélites en Pologne remonte à une époque très reculée du moyen âge. Holländerski pense au contraire que les Israélites établis au nord de la Pologne y arrivèrent d'Allemagne au commencement du XIe siècle, tandis que dans les provinces méridionales, ils semblent y avoir

Chez les chroniqueurs et chez les poètes/scandinaves, nous trouvons comme chez les géographes musulmans, des souvenirs assez précis du commerce que les Danois entretenaient du VIIe au XIe siècle de notre ère, avec les Bulgares et avec les Varègues, lorsque ceux-ci quittèrent les bords de la mer Baltique pour aller s'établir à Novogorod vers le milieu du IXe siècle. Je ne m'engagerai pas ici dans la discussion qui est aujourd'hui à l'ordre du jour chez les savants russes et scandinaves, sur la question de savoir s'il faut ajouter pleine confiance à la chronique de Nestor, ainsi qu'au témoignage de Constantin Porphyrogénète et à Ibn Foszlan qui, unanimement, représentent les Varègues et les Rous comme arrivant des pays scandinaves pour fonder l'empire russe, ou bien s'il faut, au nom de la linguistique, repousser ces traditions (1). Pourtant, les témoignages historiques paraissent bien formels, et cette invasion qui, partant de l'ouest pour aller à l'est, a suivi une marche opposée à toutes les autres invasions, a peut-être été provoquée par les relations commerciales que les populations

été établis à une époque beaucoup plus éloignée. V. Holländerski, *Les Israélites de Pologne*, p. 2 et suiv. Sur la situation et l'influence commerciale des Juifs en Pologne et dans les pays slaves au début du moyen âge, v. Erler, *Historisch-kritische Uebersicht der national-ökonomischen und social-politischen Literatur*, dans l'*Archiv für katholisches Kirchenrecht*, 1879.

(1) V. Riant, *Expéd. et pèlerin. des Scand.*, etc., p. 29. On peut consulter sur cette question un livre paru récemment et qui résume parfaitement tous les arguments : *The relation between ancient Russia and Scandinavia and the origin of the russian State*, par Wilhelm Thomsen, Londres, 1877.

scandinaves entretenaient avec les peuples établis dans le bassin supérieur du Volga. C'est en 862 que le chef des Varègues, Rurik, s'empara de Novogorod dont il fit sa capitale, et c'est à partir de cette époque que Novogorod-la-Grande conquit l'importance commerciale qu'elle a longtemps gardée au moyen âge.

Parmi les chroniques danoises, une des plus importantes, celle de Saxon le Grammairien, écrite à la fin du XII⁰ siècle, relate des souvenirs d'antiques relations commerciales des Danois avec les pays slaves. Il raconte que le roi Haldfan III se trouvait en Russie, lorsqu'il apprit *par des marchands* que Guritha consentait à devenir son épouse (1). Le même chroniqueur fait mention d'un guerrier, du nom de Simond qui avait l'habitude de faire le commerce, d'acheter et de vendre (2). Les vieux chants nationaux des Danois ont conservé aussi des souvenirs du même genre. Rasmussen cite une saga où il est dit que le fils du roi de Suède fit un voyage de commerce pour son père, avec deux vaisseaux, vers l'Orient ou la Russie. Torfeus (3) rapporte qu'Harald Haarfager envoya son ami Hauk Habrok, avec un vaisseau en Russie, pour en rapporter certaines marchandises. Hauk Habrok arriva, à Novogorod sans doute, à l'époque du grand marché qui réunissait un concours immense d'étrangers venus de tous les pays. Il acheta

(1) *Saxo Grammaticus,* liv. VII, éd. de J. Stephanius, 1644, p. 137.
(2) lib. VIII, p. 145.
(3) *Historia Norvegiae,* lib. I, cap. 39, p. 68.

et paya en argent un superbe surtout orné d'or, tel que rien de semblable ne s'était vu en Norwège. Dans la saga de Thordi Hredii (1), il est fait mention d'un Islandais qui, au Xe siècle, avait l'habitude de naviguer vers l'Orient : il ne faut donc pas nous étonner d'avoir constaté des trouvailles de monnaies coufiques en Islande. Dans les récits compilés dans l'Heimskringla, on cite un homme riche nommé Lodin qui, au Xe siècle, faisait souvent voile pour l'Esthonie où il allait commercer, et dont le vaisseau était toujours chargé de marchandises destinées à cette contrée (2). Il est raconté ailleurs dans le même recueil, que sous le règne de Saint-Olaf († 1030), un marchand fit voile pour la Russie, commerça dans ce pays et y acheta, pour le roi, des vêtements de grand prix et une nappe magnifique (3). Nous savons enfin que les Scandinaves avaient à Novogorod même, une église bâtie sous l'invocation de Saint-Olaf (4).

Après Derbend, Bolgar, Novogorod, la dernière grande étape du commerce avec l'Orient, était la ville de Schleswig, et les îles de la mer Baltique, Oland, Gothland, Bornholm. Ce fait, constaté comme nous l'avons fait remarquer, par les trouvailles si nombreuses de monnaies, rappelle le

(1) Chap. 76, p. 294. Cf. Rasmussen, *De Arabum Persarumque commercio*, etc., p. 16.

(2) *Heimskringla . . . Historia regum norvegicorum conscripta a Snorrio, Sturiae filio*. Nova edit. Gerhardi Schoning. Copenhague, 1777—1818, t. III, p. 13.

(3) T. II, p. 73. Cf. Rasmussen, *De Arabum Persarumque commercio*, p. 17.

(4) Riant, *Expéd. et pèlerin. des Scandinaves*, p. 65.

passage de Tacite cité plus haut, où l'historien romain raconte que l'ambre se recueillait particulièrement dans ces îles. De plus, Adam de Brême
atteste que Schleswig et l'île de Bornholm furent
des lieux de rendez-vous et des ports pour tous
les vaisseaux qui se rendaient en Orient (1). Mais
le centre le plus considérable était l'île de Gothland et la ville de Wisby. Les sagas appellent
l'île de Gothland, « l'œil de la Baltique » et elles
font des descriptions si étonnantes des richesses
de Wisby qu'on aurait, dit Hildebrand, à se dé-
fier de leur fidélité si elles n'étaient confirmées par
la magnificence des ruines, par les lois maritimes
conservées jusqu'à nos jours et par la richesse des
découvertes faites dans ses décombres (2).

C'est dans ce commerce, en effet, que se forma
le code maritime de Wisby qui avec le *droit lu-
beckois* régla pendant tout le moyen âge la navigation de la mer Baltique (3). Ce centre commercial, cet entrepôt de toutes les productions du Nord
qui allaient se diriger sur l'Orient, était alors oc-
cupé par les Danois ou Normands. Nous sommes
à l'époque où les célèbres pirates du nord faisaient trembler tout l'Occident de l'Europe par

(1) Adamus Bremensis, *Descriptio insularum Aquilonis* dans
Pertz, *Monumenta Germaniae historica*, Scriptores, t. VII, p. 312,
373.

(2) Hildebrand, *Anglo-Sachsiska Mynt*, etc., p. CXI. V. aussi
Riant, *Expéd. et pèlerin. des Scandinaves*, etc., p. 63—64.

(3) On regarde la loi de Gothland comme remontant à une
époque très reculée du moyen âge. Elle a été publiée par Carl
Säve : *Gutniske Urkunder*, Stockholm, 1859. Cf. Riant, *Expéd.
et pèlerin. des Scandinaves*, etc., p. 9.

leurs incursions, et les trouvailles de monnaies arabes dans leur pays d'origine, comme les ruines de Wisby, vont nous révéler sous un jour tout nouveau ces corsaires qui passent généralement, d'après le récit des historiens, pour n'avoir connu que le pillage. Le roi de mer, d'après Augustin Thierry, n'était qu'un chef de corsaires : c'est ainsi en effet que les Vikings devaient apparaître aux populations chrétiennes de l'Occident qui étaient dans l'ignorance absolue du commerce des hommes du nord avec l'Orient, et qui ne les connaissaient que par leurs terribles incursions. C'est également comme des brigands et des pirates que sont dépeints les Phéniciens par les populations primitives de la Grèce. Nous devons reconnaître que les Vikings avaient donné un immense développement au trafic, et qu'ils étaient à la fois des guerriers et des marchands. L'un des plus célèbres d'entre ces rois, Ragnard Lodbrok avait le siége de sa puissance dans les îles danoises, à Wisby probablement (1). Nous avons vu que dans tout le bassin de la mer Baltique, en Pologne, et même en Russie, jusqu'à Bolgar, on trouvait mêlées aux monnaies arabes, surtout des monnaies frappées par les Anglo-Saxons d'Angleterre, et j'ai fait remarquer que les plus anciennes monnaies anglo-saxonnes découvertes en Suède sont de la fin du règne d'Edgar qui cessa de régner en 975.

(1) C'est en Orient et jusque dans l'Inde que les traditions nationales des Scandinaves, conservées dans les Sagas, placent les exploits de Ragnard Lodbrok et de ses fils. V. Riant, *Expéd. et pèlerin. des Scandinaves*, etc., p. 18 et 96.

Or, ce fut peu d'années après cette date, sous le règne d'Ethelred, fils d'Edgar que les incursions danoises en Angleterre, un instant arrêtées par Alfred le Grand, reprirent leur cours avec une violence inaccoutumée. Ethelred, pour sauver son pays, consentit en 991, à payer annuellement un tribut aux envahisseurs, sous le nom de *danegeld*, argent danois. Le premier paiement fut de dix mille livres d'argent; dans les années suivantes, les pirates se montrèrent de plus en plus exigeants, et les Anglo-Saxons durent livrer jusqu'à cent soixante-sept mille livres d'argent. On ne peut guère douter que ce ne soient ces richesses même que l'on trouve aujourd'hui, enfouies sous le sol, en plus grande abondance dans les pays scandinaves et les pays slaves, que sur le sol même de l'Angleterre. Ce sont les Danois qui, dans leurs relations commerciales avec l'Orient, ont fait pénétrer l'argent anglo-saxon jusque chez les Bulgares du Volga, comme ils ont fait pénétrer l'argent samanide jusque sur les côtes du Northumberland, le principal théâtre de leurs exploits. Le *danegeld* ne fut définitivement aboli qu'en 1049, quand la sage politique d'Édouard le Confesseur eut réconcilié Danois et Anglo-Saxons, et n'en eut fait qu'un seul peuple. Nous avons signalé plus haut cette date, comme étant l'âge le plus moderne des monnaies frappées en Angleterre et trouvées dans les pays du nord-est de l'Europe; en l'absence de textes écrits, les découvertes archéologiques nous révèlent donc un des côtés les plus intéressants de l'histoire des Normands. D'ail-

leurs, les travaux récents d'un savant scandinave,
M. Worsaae, sur la vieille civilisation de ces pays
du Nord, a conduit au même résultat et montré
qu'il fallait mettre les richesses des Normands
non seulement au compte de leurs pirateries, mais
surtout peut-être, au compte de leur commerce(1).

IV

Quant à l'objet de ce commerce dont les points
extrêmes étaient Derbend et Wisby, il consistait
d'abord, comme dans l'antiquité, dans le transport
en Orient de l'ambre, de l'étain et des fourrures;
il consistait aussi, pour les Danois, dans l'acqui-
sition des riches étoffes de la Perse et de l'Inde.
Les Orientaux recherchaient avidement les parures d'ambre, mais, comme les Grecs, ils ignoraient d'où leur venait cette substance. Kaswini
se contente de dire vaguement qu'on la recueille
au nord et au nord-ouest du Caucase et qu'on la
vend sur le marché d'une ville qu'il nomme Bar-
dah, marché qui a plus de trois milles d'étendue(2);
ailleurs, il s'exprime ainsi : « L'ambre est une
pierre jaune tirant sur le rouge; on assure que

(1) M. Alfred Maury a résumé dans un article littéraire les
belles découvertes de M. Worsaae. V. *Revue des Deux-Mondes*,
15 Septembre 1880.

(2) Rasmussen, *Journal asiatique*, t. II de 1824, p. 284. Le
mot arabe employé pour désigner l'ambre jaune est *cahrouba*,
mot dérivé du persan, dont nous avons fait *carabé*. Le mot *anbar*
d'où est venu notre mot *ambre*, comme nous le verrons plus
loin, ne désignait que l'ambre gris. V. Sylvestre de Sacy, *Chrestomathie arabe*, t. III, p. 468.

c'est la gomme de certaines noix; il préserve ceux
qui en portent sur leur personne, de la jaunisse,
des palpitations du cœur, des suffocations, de l'hé-
morragie, des vomissements; porté par une femme
enceinte, il assure la conservation de son fruit»(1).
Ces vertus curatives attribuées à l'ambre, à cause,
sans doute, de son odeur balsamique, ont amené,
chez les Persans et chez les Arabes la coutume
de porter des anneaux et des colliers d'ambre.
Ét. Quatremère cite un prince persan du Xᵉ siècle
de notre ère, appelé Fakr-Eddauli, qui avait un
cachet en ambre jaune (2). D'ailleurs, l'usage des
anneaux, colliers et cachets a été de tout temps
extrêmement répandu en Orient. Chardin, dans
son *Voyage en Perse* (3) rapporte que les femmes
portaient jusqu'à cinq ou six bagues ensemble;
tous leurs doigts en étaient garnis, même le pouce.
On voyait des hommes porter jusqu'à quinze ou
seize bagues à la fois, cinq ou six à un seul doigt;
mais ils n'en mettaient jamais qu'aux trois doigts
du milieu. Les gens riches en plaçaient en outre
des paquets de sept ou dix dans leurs bourses et
prenaient plaisir à les montrer (4). Les Persans et
les Arabes méritaient de rencontrer, comme les
Romains, un Pline ou un Tacite pour flétrir leur
mollesse et leur recherche de l'ambre. D'après

<hr>

(1) Rasmussen, *Journal asiatique*, t. I de 1825, p. 68—73.
On recueillait pourtant aussi l'ambre sur les côtes de l'Arabie.
Maçoudi, *éd. cit.* t. I, p. 333—334.

(2) V. Et. Quatremère, *Mémoires géographiques et historiques
sur l'Égypte*, t. II, p. 372.

(3) T. IV, p. 22 et suiv.

(4) V. Reinaud, *Cabinet du duc de Blacas*, t. I, p. 33—34.

Jacut, les Arabes rapportaient encore du nord de l'Europe, des martres, des hermines, des écureuils, des pelleteries, des fourrures; et Ibn Foszlan, dans un passage que nous avons cité, ajoute des filles esclaves. Ce dernier fait est confirmé par Tarikhi, qui raconte que dans une expédition de Mervan, contre Derbend, l'an 120 de l'Hégire, les Arabes stipulèrent que les vaincus devaient leur livrer des troupeaux d'hommes et de femmes esclaves, des pays du nord (1).

Les Danois demandaient à l'Orient des étoffes précieuses, des soieries, des tentures et des tapis, des vases artistement ciselés, des bijoux. Des traditions occidentales veulent en effet que des tissus certainement fabriqués dans l'extrême Orient, même en Chine, et dont quelques-uns sont encore aujourd'hui conservés dans les trésors de nos églises, nous soient parvenus par les pays slaves (2); peut-être est-ce par cette voie qu'est venue en France la chasuble en soie attribuée à Saint-Regnobert et qui est renfermée dans une cassette en ivoire, sur laquelle on lit une inscription coufique (3); peut-être aussi le même chemin nous a-t-il amené une partie du trésor de l'église de Saint-Maurice d'Agaune (4) ainsi que d'autres produits

(1) Tarikhi, *Derbend-Nâmeh*, or the history of Derbend, by Mirza A. Kazem-Beg, p. 106—107.

(2) V. Francisque Michel, *Recherches sur le commerce, la fabrication et l'usage des étoffes de soie d'or et d'argent, en Occident, au moyen âge*, t. I, p. 58, 65, 71, 160, 311.

(3) V. *Bulletin archéologique*, t. III, 1844, p. 37.

(4) Aubert, *Le trésor de Saint-Maurice d'Agaune*, p. 122. Cf. de Linas, *Les origines de l'orfévrerie cloisonnée*, t. II, p. 27 et suiv.

orientaux (1); mais il est difficile de se prononcer
sur une question aussi délicate, car la route d'Espagne était ouverte aussi bien que celle du Volga.

Mais c'est certainement par ce chemin du Volga
qu'est venue en Occident la science de l'orfévrerie
cloisonnée qui a son origine en Perse, et qui, inconnue aux Romains, commence à poindre chez
les Mérovingiens. Nous abordons-là un intéressant
problème archéologique qu'il serait trop long de
développer ici; mais les résultats des fouilles archéologiques le long de la route du Volga, ne permettent pas d'hésiter un seul instant sur la so-
lution.

Dans tous les cas, l'examen des découvertes archéologiques nous a permis de constater que les
peuples du nord-est de l'Europe en rapport avec
les Arabes, ne recevaient d'eux qu'un seul métal,
l'argent; l'or ne se trouve que très exceptionnelle-
ment dans les fouilles. Au premier abord, on
pourrait croire que ce fait vient des Arabes et
que le numéraire musulman consistait surtout en
pièces d'argent. «Les Musulmans, dit Reinaud,
emploient l'or, le fer, l'acier, mais surtout l'argent;
c'était même dans l'origine, la seule matière per-
mise ... Le premier cachet de Mahomet était en
or; trouvant ensuite ce métal trop riche pour lui,
il adopta le fer; enfin, sa puissance et son empire
augmentant chaque jour, il jugea le fer trop vil
et employa l'argent»(2). Mais cette simplicité pri-

(1) V. le *Cabinet de l'amateur et de l'antiquaire*, t. II, 1843, p. 362.
(2) Reinaud, *Description des monuments musulmans du Cabinet
du duc de Blacas*, p. 4.

mitive des sectateurs du Coran avait bien changé à l'époque où florissait notre commerce, et il serait superflu de rappeler ici les richesses inouies, le luxe véritablement féérique des palais de Damas. La pièce d'or même, le dinar, était la monnaie courante des Arabes et des Persans, et son exclusion dans les trouvailles du nord de l'Europe vient d'une répulsion des peuples slaves et scandinaves pour ce métal. Les monnaies grecques semées par les Milésiens le long de la Vistule et du Dniéper sont exclusivement d'argent; et l'on sait que sous l'empire romain, il existait des deniers d'argent dont les bords étaient découpés en dents de scie, et que Tacite appelle *nummi serrati* en remarquant que les Germains ne veulent pas accepter d'autre monnaie(1). Ces deniers d'argent exclusivement usités encore sous le nom de *saigas* chez les populations germaniques, à l'époque mérovingienne, ont été l'origine et le point de départ du monnayage de la seconde race; et si, à partir de Pepin le Bref, le monnayage de l'or disparaît, il faut voir surtout dans ce fait, le contre-coup d'une révolution politique qui amenait sur le trône des idées et des tendances exclusivement germaniques(2). L'or ne reparut dans le monnayage des peuples de l'Europe, en dehors de l'empire d'Orient, qu'au XIII° siècle. Quant à la cause de cette

(1) Tacite, *Germania*, 2.
(2) V. G. Waitz, *Ueber die Münzverhältnisse in den älteren Rechtsbüchern des Fränkischen Reiches,* dans les *Abhandlungen der königl. Gesellschaft der Wissensch. zu Göttingen,* 1861, t. IX, p. 11 du tirage à part.

prédilection exclusive des peuples germaniques et scandinaves pour l'argent, elle paraît aujourd'hui encore inconnue.

Il est certain d'autre part que cet argent monnayé des Anglo-Saxons et des Arabes trouvé dans le nord de l'Europe ne circulait pas comme monnaie, mais simplement à l'état de lingot, et n'entrait dans les transactions commerciales qu'au moyen de la balance; les lingots non monnayés et les monnaies intentionnellement fragmentées en deux ou quatre parties, que l'on a recueillis avec des monnaies entières dans un très grand nombre de trouvailles, prouvent bien que le métal ne circulait que pour sa valeur intrinsèque, et qu'on voulait, au moyen des fragments, préciser le poids. On a même, d'ailleurs, découvert des balances qui ont dû servir à ces pesées (1).

Ce commerce puissant que nous venons d'étudier paraît n'avoir exercé sur les peuples du nord de l'Europe, aucune influence au point de vue de la culture matérielle ou intellectuelle. On peut seulement faire remarquer que le nom de l'ambre vient de l'arabe *anbar*, mot qui a supplanté dans les langues néo-latines le nom de *succinum*. Anbar est le nom d'une ville très ancienne de l'Irak-Arabi, sur les bords de l'Euphrate, à l'ouest de Bagdad; elle a donné son nom à l'ambre gris qu'on y trouve en abondance, et ce nom est devenu aussi celui de l'ambre jaune, par une assimilation entre les

---

(1) V. G. Hällström, *Acta Societatis Scienciarum Fenicae*, t. I, p. 731 et t. II, p. 107.

deux substances, qui eut lieu après que les Arabes ne purent plus se procurer l'ambre jaune, quand leur fut fermée la route du Volga. Enfin il y eut en Europe quelques essais de monnayage bilingue qui attestent l'influence arabe. On a trouvé en Pologne un denier portant, au droit, une légende arabe au nom du khalife Hescham, mort en 1009, et au revers une légende latine au nom de l'empereur Henri II qui monta sur le trône en 1002 (1). M. de Longpérier a publié une monnaie d'or d'Offa roi anglo-saxon de Mercie, de l'an 774 de notre ère, et qui porte, avec le nom du roi écrit en lettres latines, de longues inscriptions coufiques (2). Enfin, récemment encore M. J. Karabaček signalait la découverte, en Pologne, de quelques autres monnaies bilingues de la même époque (3). Mais ces monnaies singulières et particulièrement intéressantes ne peuvent être regardées comme des spécimens d'un monnayage régulier; elles ne constatent que tout à fait accidentellement l'influence du numéraire oriental dans l'Europe septentrionale.

On est donc obligé de reconnaître que l'influence des Arabes dans le nord de l'Europe, malgré un commerce des plus puissants, a été à peu près nulle. Rien n'est resté de ces relations singulièrement actives : à peine un souvenir vague et confus chez les chroniqueurs arabes et scandinaves, et nous avons montré plus haut que ce commerce était

(1) V. Lelewel, *Revue franç. de numismatique,* 1860, p. 333.
(2) *Numismatic Chronicle,* 1842, p. 232.
(3) *Spanisch-arabisch-deutsche Nachprägungen für Polen,* dans la *Numismatische Zeitschrift* de Vienne, t. I, 1869, p. 139—140.

même ignoré par les contemporains, dans l'Europe occidentale.

Les causes qui l'ont fait cesser presque brusquement dans la première moitié du onzième siècle sont multiples. Les graves évènements politiques dont l'Asie fut le théâtre y contribuèrent pour une large part. C'est en l'an 1004 que disparut, en Perse, la dynastie des Samanides, qui a fourni la plupart des monnaies trouvées en Europe (1), et après les Samanides, s'ouvrit pour les populations voisines des bords de la mer Caspienne, une période de guerres incessantes. C'est vers la même époque que cessèrent les incursions des Normands et leurs courses sur les mers du Nord ; vers ce temps encore, le christianisme s'implanta définitivement chez les Slaves et chez les Scandinaves, et le commencement du XIe siècle vit s'affermir sous Jaroslav Ier la puissance russe. En même temps, le déplacement des Bulgares qui quittèrent les bords de l'Atel pour aller se fixer sur ceux du Danube, les courses à travers l'Allemagne des Magyars, des Bohémiens et d'autres barbares durent arrêter la marche des paisibles voyageurs, et interrompre le commerce comme les invasions des barbares à la fin de l'empire romain l'avaient déjà interrompu. S'il ne reprit pas une activité nouvelle, après ce mouvement général des peuples du nord et après l'établissement de nouvelles dynasties musulmanes en Perse et sur les bords de la mer Caspienne, c'est qu'au moment où les marchands auraient pu se

(1) Defremery, *Histoire des Samanides* de Mirkhond, p. 209.

mettre de nouveau en marche avec sécurité, les relations entre l'Europe et l'Orient furent transportées sur un autre théâtre. La première croisade est de la fin du XI⁰ siècle; pour aller en Orient, les Scandinaves descendront le Dniéper au lieu du Volga et arriveront à Constantinople (1); d'autre part, les vaisseaux de Venise, rivaux de ceux de Pise et de Gênes, apprirent à faire le trafic en transportant les pèlerins et les croisés (2). A partir du XII⁰ siècle, les Vénitiens et leurs florissantes colonies absorbèrent tout le commerce d'Orient; par leurs mains passèrent toutes les richesses asiatiques destinées à l'Europe; par leurs mains encore, les produits occidentaux pénétrèrent en Orient, car Venise fut non moins célèbre par son industrie que par son commerce. C'est ainsi que disparut, après quatre siècles d'une activité incessante, le commerce du Volga et de la mer Baltique, commerce dont les historiens paraissent n'avoir pas tenu un compte suffisant dans l'histoire des peuples du nord de l'Europe au moyen âge.

(1) M. le comte Riant a montré que l'une des routes suivies par les croisés Scandinaves pour se rendre en Terre-Sainte, remontait la Néva et le Volchov jusqu'à Ladoga et Novogorod; de là, les pèlerins gagnaient le cours du Dniéper, et cessaient, par conséquent, à partir de ce point, de suivre la route commerciale que nous avons étudiée. Riant, *Expéd. et pèlerin. des Scand.*, etc., p. 65.

(2) V. G. M. Thomas, *Urkunden zur älteren Handels- und Staatsgeschichte der Republik Venedig mit besonderer Beziehung auf Byzanz und die Levante vom IX. bis zum Ausgang des XV. Jahrhunderts.*

VIENNE — TYP ADOLPHE HOLZHAUSEN
IMPRIMEUR DE LA COUR I & R ET DE L UNIVERSITE

209